はじめての えじてん

どうぶつ

ちょうちょ

ぶた

きつね

うさぎ

え：あな・いばにーる

www.kidkiddos.com

support@kidkiddos.com

First edition, 2025

Library and Archives Canada Cataloguing in Publication
First Picture Dictionary - Animals (Japanese edition)
ISBN: 978-1-83416-588-2 paperback
ISBN: 978-1-83416-589-9 hardcover
ISBN: 978-1-83416-587-5 eBook

やせいの　どうぶつ

らいおん

とら

きりん

✦きりんは　りくじょうで
いちばん　せのたかい
どうぶつ　です。

ぞう

さる

くま

かんがるー

わに

らくだ

しまうま

やせいの　どうぶつ

かば

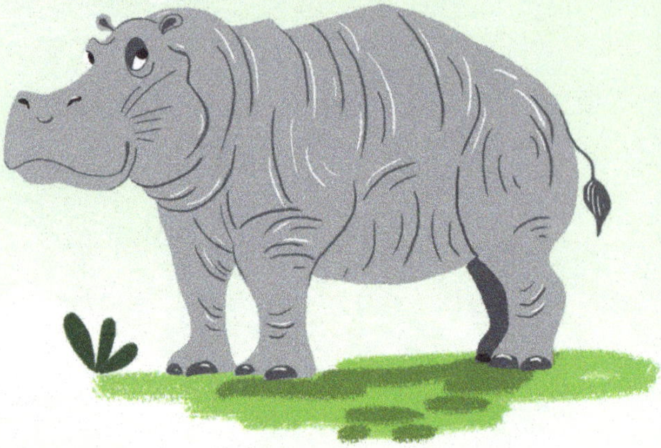

ぱんだ

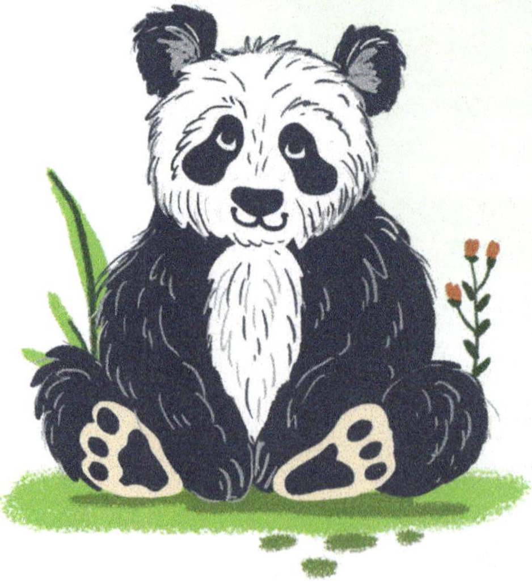

きつね

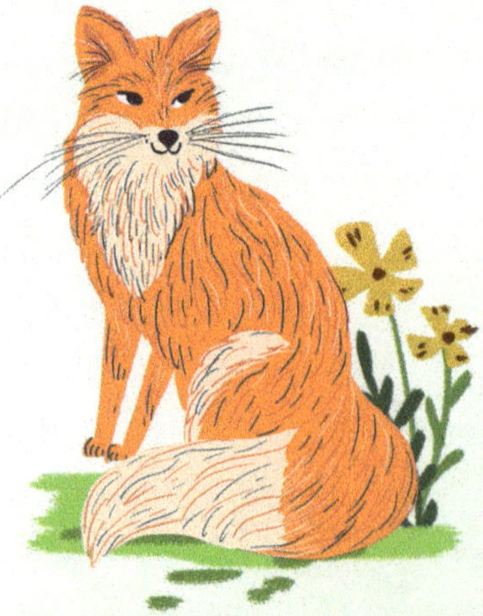

さい

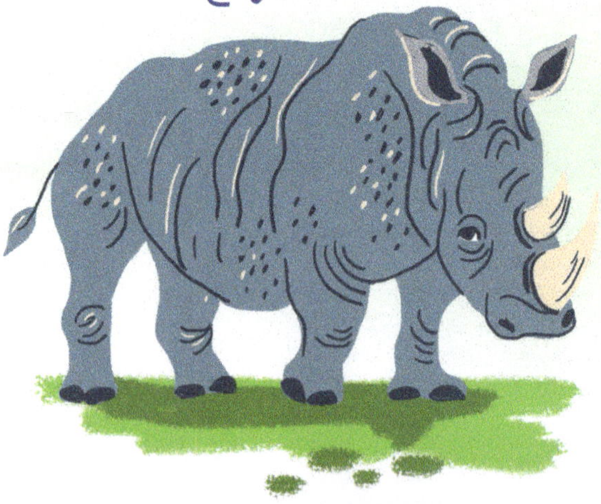

しか

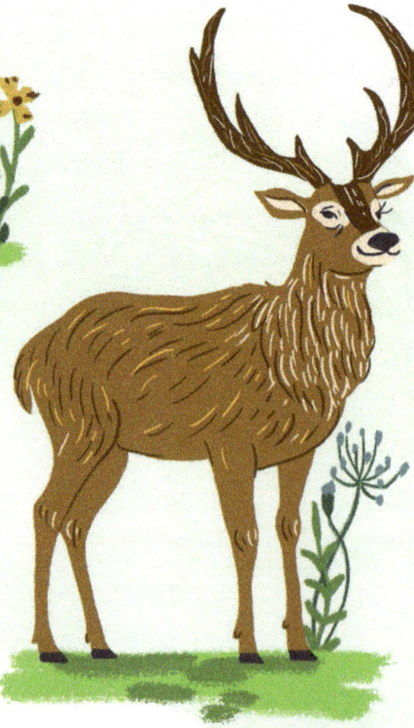

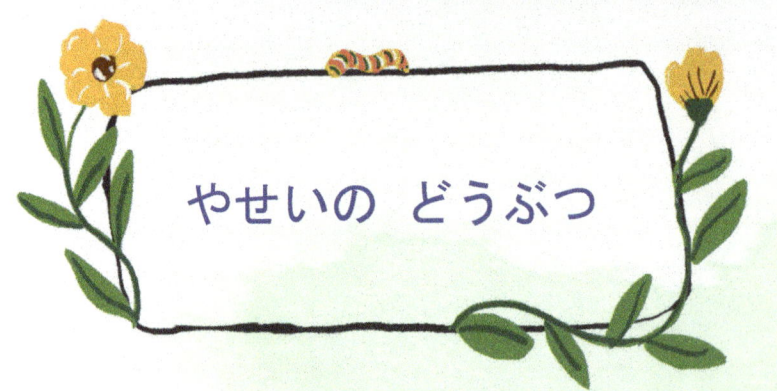

へらじか

おおかみ

✦へらじかは およぐのが とくいで、
みずの なかにも もぐって
しょくぶつを たべます。

りす

こあら

✦りすは ふゆのために どんぐりを
かくしますが、どこにおいたか
わすれることが あります。

ごりら

ぺっと

かなりあ

もるもっと

✦かえるは はだでも
はいでも いきを することが
できます。

かえる

はむすたー

きんぎょ

いぬ

✦おうむの なかには、ことばを
まねたり、にんげんみたいに
わらったり するものも います。

ねこ

おうむ

のうじょうの　どうぶつ

うし

にわとり

あひる

ひつじ

うま

ぶた

うさぎ

らま

✦やぎは けわしい いわばや
きにも のぼることが できます。

やぎ

くじゃく

しちめんちょう

みずの なかの どうぶつ

✦たこには しんぞうが みっつ
あり、いろを かえて
みを かくすことが できます。

✦ろぶすたーの　ちは
あおい いろを しています。

✦あざらしは みずの なかで
３０ぷんも いきを とめて
もぐることが できます。

そらを とぶ どうぶつ

✦たかは そらの たかい ところから
ちいさな ねずみを みつけることが
できます。

か

とんぼ

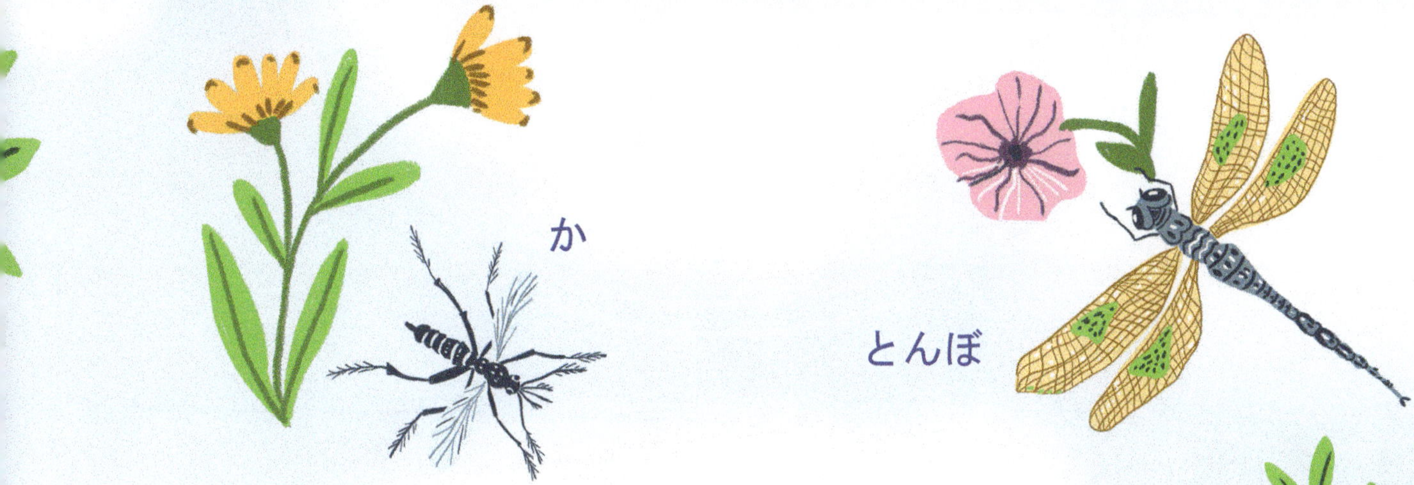

♦ とんぼは ちきゅうに さいしょに あらわれた むしの ひとつで、きょうりゅうよりも まえから いました。

はち

ちょうちょ

てんとうむし

りくの どうぶつ

✦へびは はなではなく したで
においを かぎます。

あなぐま

やまあらし

✦とかげは しっぽが とれても あたらしく
はえかわります。

まーもっと

とかげ

あり

まほうの　どうぶつ

ゆにこーん

ぺがさす

りゅう

にんぎょ

やせいの　ねこのなかまの どうぶつ

ぴゅーま

らいおん

ちーたー

✦ちーたーは りくじょうで
いちばん はやい
どうぶつ です。

おおやまねこ

ひょう

くじら
せいうち
おおきい どうぶつ
ばっふぁろー
だちょう
かば
ばいそん

ちいさい どうぶつ

かめれおん

くも

✦だちょうは いちばん
おおきな とりですが、
とぶことが できません。

はち

✦かたつむりは せなかに じぶんの
いえを のせて、とても ゆっくり
うごきます。

かたつむり

ねずみ

しずかな どうぶつ

かめ

てんとうむし

✦かめは りくでも みずの なか
でも いきられます。

さかな

とかげ

うるさい　どうぶつ

ほっきょくや
なんきょくの　どうぶつ
あざらし
しゃち
ぱふぃん
となかい
ぺんぎん
ほっきょくぐま

おらんうーたん

ひょう

おおはし

じゃんぐるの どうぶつ

ごりら

いぐあな

あなこんだ

なまけもの

よるに うごく どうぶつ

ふくろう

こうもり

✦ふくろうは よるに えものを
さがし、みみで おとを
ききわけます。

✦ほたるは よるに
ひかって ほかの
ほたるを さがします。

あらいぐま

たらんちゅら

いろとりどりの　どうぶつ

ふくろうは
ちゃいろ　です。

ふらみんごは
ぴんくいろ
です。

はくちょうは
しろいろ　です。

たこは　むらさきいろ
です。

かえるは
みどりいろ　です。

✦かえるは　みどりいろ　なので、
はっぱの　あいだに　かくれる
ことが　できます。

ほっきょくぐまは
しろいろ です。

きつねは
おれんじいろ です。

こあらは はいいろ です。

ひょうは くろいろ です。

ひよこは きいろ
です。

どうぶつの　おやこ

うし と こうし

ねこ と こねこ

✦ひよこは たまごから かえるまえに、
おかあさんと おしゃべり します。

にわとり と ひよこ

いぬ と こいぬ

ちょうちょ と
けむし

ひつじ と
こひつじ

うま と こうま

ぶた と こぶた

やぎ と こやぎ

www.ingramcontent.com/pod-product-compliance
Lightning Source LLC
LaVergne TN
LVHW072101060526
838200LV00061B/4785
9781834165882